BONAPARTE

Pacificateur de l'Europe.

LA VIE

DE BONAPARTE,

PREMIER CONSUL

DE LA RÉPUBLIQUE FRANÇAISE,

Et Pacificateur de l'Europe,

Depuis sa naissance jusqu'au 18 Brumaire an 10, époque de la Paix générale ;

PRÉCÉDÉE D'UN

HOMMAGE A LA PAIX.

Nil actum reputans, si quid superesset agendum.

LUCAIN.

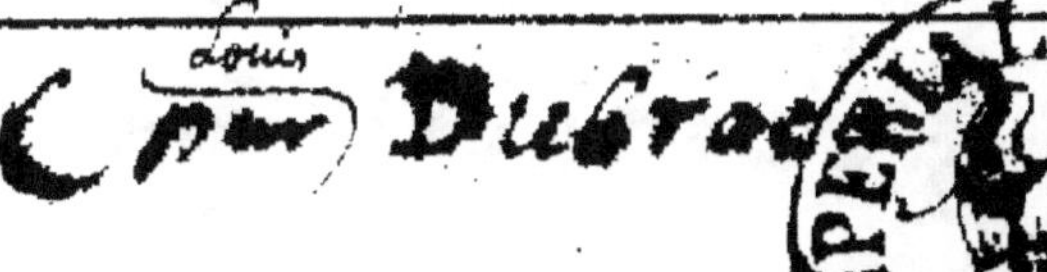

A PARIS,

CHEZ { BONNEVILLE, Imprimeur, rue Saint-Jacques, n°. 195.
DUBROCA, Libraire, rue de Thionville, n°. 1760.

AN X DE LA RÉPUBLIQUE.

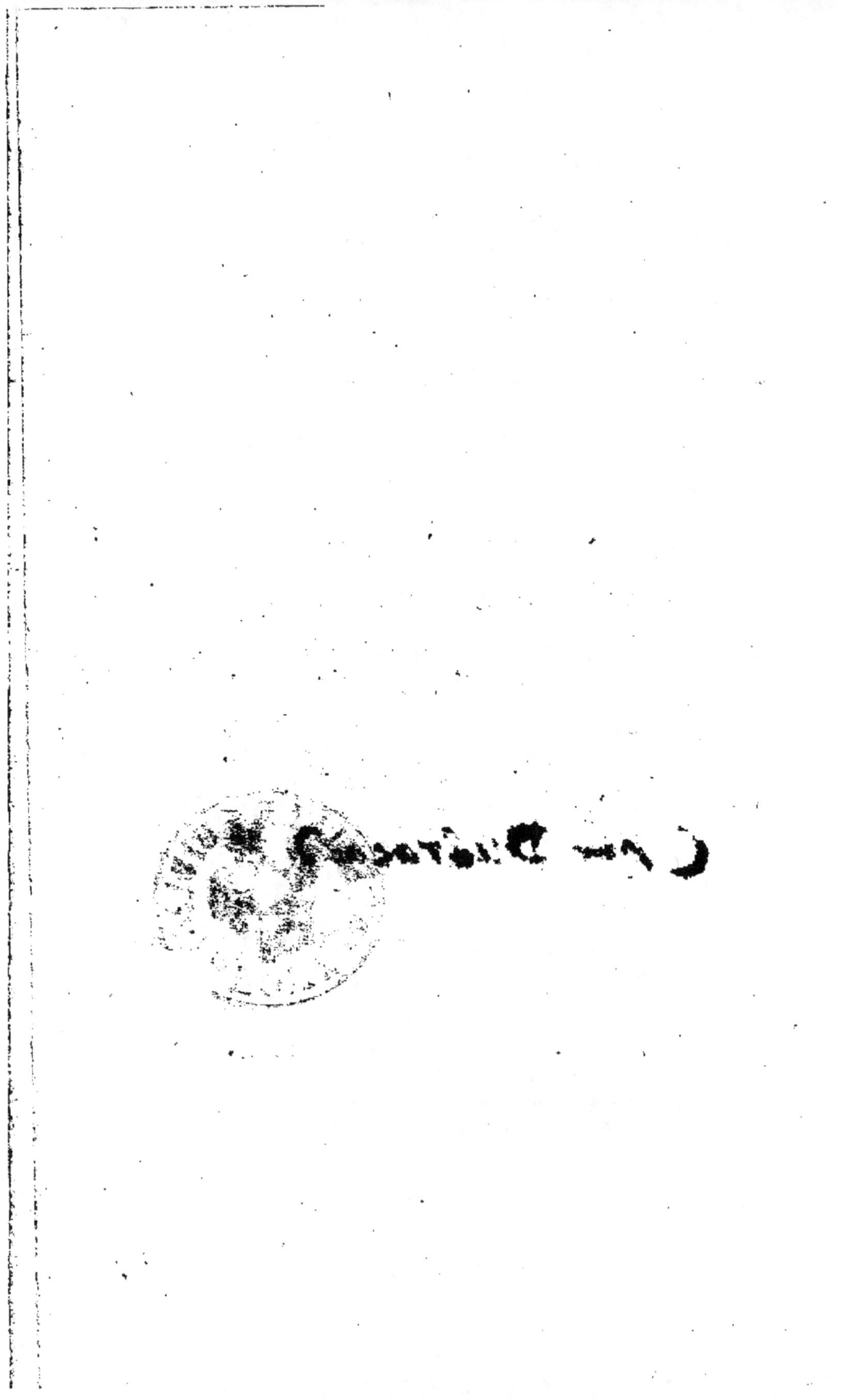

A LA PAIX.

LA voilà donc terminée, cette lutte sanglante de dix années, à laquelle se rattachaient les plus grands intérêts de la France, son bonheur et sa prospérité! Les voilà donc écoulés, ces jours remplis à-la-fois de deuil et de gloire, ces jours où la victoire, toujours fidèle aux drapeaux de la liberté, s'offrait à nos regards, teinte du sang des français, et couverte du crêpe de la douleur! La voilà donc arrivée, cette mémorable époque, objet de nos vœux les plus ardens, et à laquelle nous attachions toutes les sources de la prospérité publique et privée!

Heureuse paix! quel cœur sensible ne te salue pas dans toute l'alégresse de ses sentimens! Avec toi renaissent toutes les espérances qui élèvent et consolent les âmes! Tu éclaires les beaux jours de l'enfant qui entre dans la carrière de la vie; tu effaces la longue suite de maux qui ont pesé sur nos têtes; tu répands la sérénité sur le front du vieillard, qui achève sa course. Et toi, douce et touchante humanité! tu seras donc enfin écoutée et sentie, tu planeras désormais sur ces régions tant de fois désolées par le fléau de la guerre; tu rapprocheras par les doux nœuds de la concorde, des peuples faits pour s'estimer, et trop long-temps armés pour s'entre - détruire. Qui pourrait ne pas s'attendrir devant une telle pensée! Qui pourrait songer, sans émotion, qu'aux dévastations cruelles des combats vont succéder les douces jouissances de la fraternité universelle; que le soleil n'éclairera plus les fureurs meurtrières des hommes; que l'enfant en naissant ne sera plus une proie destinée au fer impitoyable de l'ennemi; que les champs féconds ne seront plus couverts d'un acier étincelant; que les lances, devenues inutiles, se courberont en forme de faulx, et le large cimeterre en soc de charrue!

Gloire immortelle au génie pacificateur qui a mis un terme à tant de maux , et ouvert tant de sources de bonheur et de consolations ! Que l'histoire prenne ses pinceaux , pour annoncer ses bienfaits aux générations futures ; que le statuaire emprunte les plus beaux emblêmes pour marquer la brillante époque de sa gloire ; que le poëte chante ses triomphes dans son langage immortel ; que la patrie en éternise le souvenir par des monumens durables : jamais le génie de l'homme ne triompha de tant d'obstacles , pour appeler sur ses semblables tant de sources de prospérité ; jamais il ne fut de paix plus honorable et plus digne d'un grand peuple : elle est l'aveu de la puissance invincible d'une nation qui revendique ses droits ; elle est la gloire de l'humanité , le gage de nos prospérités futures , et le monument le plus frappant de l'influence que peut obtenir sur les passions les plus profondes du cœur humain , la sagesse unie au courage et à la valeur.

Il est difficile , en parlant de la paix , et en célébrant ses bienfaits , de ne point se reporter sur les vicissitudes étonnantes à travers desquelles elle a été conquise : arrêtons-nous pendant quelques instans sur ce tableau. Il est quelquefois doux , après un long et périlleux naufrage , de contempler de dessus un rivage paisible , le théâtre immense où l'on a tant de fois couru le danger de périr. Il en ressortira d'ailleurs un sentiment déjà cher à tous les français, celui d'une plus profonde reconnaissance pour l'immortel libérateur de notre patrie, comme à-peu-près s'accroît et devient plus vive la gratitude des passagers qui, long-temps battus par une tempête, et ramenés sur des bords tranquilles, entendent parler des efforts et du courage du pilote habile qui sut les arracher à tant de dangers.

Quel sera l'étonnement de la postérité, lorsqu'en parcourant dans l'histoire l'époque mémorable de la paix que toute la France est occupée aujourd'hui à célébrer, elle verra le long enchaînement de vicissitudes et d'obstacles qui l'ont précédée et qui semblaient devoir la traverser sans retour ? Fut-il jamais une nation assaillie par tant d'ennemis à-la-fois ? Dans les autres guerres, l'humiliation d'un peuple suffisait à la gloire du vainqueur ; ici, c'était à la destruction et à l'anéantissement du peuple français qu'on en voulait. Chaque campagne voyait le théâtre de la guerre se couvrir de nouvelles légions, de nouveaux peuples, tous entraînés par la vengeance, par les plus cruelles préventions, tous avides de se partager jusqu'à la dernière dépouille de la France et de se baigner dans le sang de ses habitans.

Et au dedans de ce pays, quelle longue suite d'infortunes semblait accélérer sa ruine, et la rendre presqu'inévitable ? Les sources de la prospérité nationale desséchées et anéanties ; la dévorante activité obstruant tous les canaux de la fortune publique et les pompant à son profit ; l'agriculture manquant de bras, et restant oisive et languissante ; l'industrie et les talens fuyant une terre qui ne leur offrait plus un asile paisible ; la tyrannie escortée d'échafauds et de bourreaux, promenant sa faulx meurtrière sur la France entière, et abattant indistinctement toutes les têtes qui lui portaient ombrage, depuis le riche retiré tremblant et solitaire sous ses lambris, jusqu'au pauvre qui se croyait à l'abri de ses regards sous le chaume misérable qui lui servait d'asile. Ici, les factions s'élevant sur leur ruine mutuelle, et entraînant dans leur

chute une foule immense de victi-
mes ; là, la famine répandant sur le
sol de la république son voile funèbre
et menaçant de tarir jusqu'aux dernières sources de la vie. Ici la discorde cruelle agitant ses flambeaux
parmi les citoyens ; là le fanatisme
et toutes les passions odieuses qu'il
enfante , ouvrant un vaste abîme
et y précipitant aux feux de la guerre
civile , de milliers de français dé-
chirés les uns par les autres.

Et lorsque la France paroissait
devoir se reposer enfin de tant de
maux sous un gouvernement cons-
titutionnel et légitime , quelle nouvelle source de malheurs ressortit
de la faiblesse et des passions de
ceux qui furent chargés de ses ressorts ? Colosse mutilé , et tombé

après cinq ans d'existence, dans la dégradation, l'affaiblissement et la nullité, le directoire menaçait d'entraîner dans sa ruine le repos et la prospérité de la France : tout avait tourné à-la-fois contre lui, les circonstances qu'il ne pouvait plus maîtriser, l'opinion publique dont les cris et les reclamations couvraient la France entière ; l'animadversion des partis qu'il avait irrités, et auxquels il avoit fourni les prétextes les plus plausibles ; l'autorité même dont il avait été un dépositaire si ombrageux et qui, affaiblie enfin, ou plutôt brisée dans ses mains, ne lui laissait que le crime de l'oppression sans le couvrir de ses prestiges.

Quel génie ne fallait-il pas pour

cicatriser tant de plaies , remédier à tant de maux , et préparer sur un abîme si profond l'édifice de la paix ? Où trouver dans l'histoire un si beau succès après tant de dangers , un triomphe si honorable après tant d'obstacles ? Recevez ici le tribut de notre admiration, guerriers magnanimes, dont les efforts, dont la patience inaltérable soutinrent si long-temps la France contre tant d'élémens conjurés pour sa ruine ! Et vous, dont les ossemens blanchissent les champs de bataille que vous avez illustrés par votre dévouement généreux, soldats français, recevez aussi l'hommage de notre gratitude. C'est vous , sur-tout qui avez posé les premières bases de la paix dont nous jouissons. Oh !

si jamais nous entrions dans ces champs de bataille, où expirans sur vos armes victorieuses, vous avez donné un si grand exemple de générosité ; avec quel respect religieux nous aborderions ces vastes tombeaux, ces campagnes silencieuses qui recèlent vos cendres ! Comme nos regards y chercheraient avidemment ces lieux où vous êtes tombés couverts des lauriers de la victoire ! Comme l'admiration et l'orgueil de vous avoir eu pour concitoyens et pour amis s'y confondraient dans nos cœurs avec les plus touchantes émotions de la nature et de la sensibilité !

Campagnes à jamais célèbres de Fleurus, d'Arcole, de Jemmapes, de Lody, de Maringo, oui, vous recevrez un jour les hommages de tous les peuples de la terre ! C'est-là que le père conduira son fils pour l'instruire au véritable amour de la patrie ; c'est-là que le jeune guerrier ira puiser l'idée de cet abandon généreux et sublime, qui fait mépriser la vie et recevoir la mort avec joie ; c'est-là que les peuples opprimés iront prendre des leçons frappantes de courage et de dévouement, tandis que les oppresseurs n'y verront que l'arrêt du sort qui les attend, quand la liberté menace de briser leur sceptre de fer.

Mais passons de ce triste, mais légitime hommage, à celui que commandent aussi impérieusement la reconnaissance et l'admiration. Pour bien connaître le héros à qui la

France doit tant de bienfaits, il faut le peindre. L'histoire de sa vie se lie donc naturellement aux fêtes de la paix : heureux si notre plume, si nos sentimens sont dignes d'un si beau sujet !

PREMIÉRES ANNÉES

DE BONAPARTE.

Présages de sa future grandeur.

LA Corse est la patrie de Bonaparte : il naquit à Ajaccio, le 15
août 1769. Envoyé de bonne heure
en France, pour y recevoir son
éducation, il en reçut les élémens
à l'école - militaire de Brienne, en
Champagne. C'est dans cette école
que se manifestèrent les premiers
germes du génie qu'il devait déve-
lopper dans la suite avec tant
d'éclat, et surtout de cette énergie naturelle qui devait le rendre

supérieur à tant d'événemens. Dans l'âge de la dissipation et de la frivolité, sa tête était froide, son ame ardente, son esprit impatient de connaître. Tout, jusqu'à ses jeux, portait l'empreinte des affections et des mouvemens de son cœur. Chargé de la culture d'un petit jardin, il l'avait fortifié avec art contre les attaques de ses camarades, et il y passait presque toutes ses heures de récréation, occupé à la lecture des livres de philosophie et de mathématiques. Suivant le témoignage d'un de ses condisciples, qui était en même temps son ami, (le baron de L......r) le jeune Bonaparte avait déjà forcé à l'admiration et à l'estime, tous ceux qui suivaient avec lui la même carrière.

Parmi plusieurs faits qu'il rapporte, nous nous plairons à citer le suivant, comme donnant la mesure de la trempe de son ame. Le baron de L... r avait formé quelques liaisons qui déplurent à son ami. — Monsieur, lui dit un jour Bonaparte avec sang-froid, vous avez des liaisons que je n'approuve pas ; j'ai réussi à conserver vos mœurs pures, et vos nouveaux amis vous perdront : choisissez donc entr'eux et moi ; je ne vous laisse point de milieu ; il faut être homme et vous décider. — Cette première tentative n'ayant pas réussi, Bonaparte revint plusieurs fois à la charge ; il l'aborda séchement un jour, et lui dit : — Monsieur, vous avez méprisé les avis de l'amitié ; c'est renoncer à la mienne : ne me parlez de votre vie.

Après quelques années passées à Brienne, Bonaparte fut admis à l'école-militaire de Paris ; il y porta la même énergie et les mêmes principes, ou plutôt il s'y affermit de plus en plus dans les dispositions qu'il avait déjà montrées. C'était l'époque où toute la France était en fermentation, et où se manifestaient les premières étincelles de la révolution qui devait lui ouvrir une si grande carrière : Bonaparte, quoique jeune encore, l'avait pressentie comme un sage vieilli au milieu des leçons de l'expérience. Il avait médité sur les abus du pouvoir et la corruption des cours, et les mouvemens généreux qu'inspire

la liberté , lui avaient paru comme
le seul moyen de retirer la France
de l'abîme où le trône, en s'écrou-
lant, menaçait de l'entraîner. Son
choix ne fut donc pas douteux, et
ses opinions, aussi franches que ses
principes étaient solides , furent
toutes en faveur de la liberté.

PREMIERES ARMES DE BONAPARTE.

Sa conduite devant Toulon. — Journée de Vendémiaire.

LA valeur peut appartenir à beaucoup de guerriers ; l'art de la diriger est plus rare. La tactique militaire a des élémens que l'expérience cruelle dans ses leçons, peut bien donner quelquefois, mais qu'il est toujours plus sûr d'apprendre par l'étude et par les monumens de l'histoire. En sortant de l'école-militaire, pour entrer comme volontaire dans l'artillerie, Bonaparte se livra au long apprentissage de la science militaire. Il n'est pas étonnant que l'histoire soit forcée de le perdre quelque temps de vue dans l'obscurité où il s'ensevelit. Pendant cet intervalle, Bonaparte étudiait le grand art de la guerre, en soldat qui aspirait à commander un jour. Il servait en qualité d'officier dans une compagnie d'artillerie au siége de Toulon, lorsqu'une circonstance le fit remarquer, et lui ouvrit la carrière où le sort avait fixé ses brillantes destinées. Resté presque seul de ses camarades, que le plomb meurtrier avait renversés dans la poussière, Bonaparte, intrépide et calme, s'était attaché à une pièce, et là, sans autre secours que ses deux bras, chargeant, foulant et faisant avec autant de célérité que d'audace, le service qu'auraient pu faire plusieurs soldats , il était parvenu à fixer la victoire , long-temps indécise à l'attaque du fort Pharon. Témoins de tant de valeur, et d'une intelligence si rare, les représentans du peuple, Barras et Fréron , le firent général de brigade sur le champ de bataille. Telle est l'époque mémorable où commence , pour l'histoire , la vie militaire de Bonaparte. Quand la guerre du Midi fut terminée , le nouveau général se rendit à Nice ; il n'y resta pas oisif. Le repos auquel il aurait pu s'abandonner, il le consacra tout entier au travail, et après avoir donné , pendant le jour, tous ses soins à l'amélioration du sort des soldats , il s'occupait, pendant la nuit, de l'étude de son art et de la

perfection

perfection des plans de campagne, objet depuis long-temps de tous les efforts de son génie et de toutes les espérances de son ame avide de victoires et de lauriers.

Nous citerons ici un fait qui, dans tout autre cas, pourrait paraître minutieux et peu important, mais qui est bien loin d'être l'un ou l'autre, en parlant du héros dont il s'agit. Un de ses amis ayant besoin de lui pour des renseignemens urgens, alla le trouver au milieu de la nuit, et comptant bien qu'il dormait, il frappa doucement à sa porte, dans la crainte de l'éveiller en sursaut. Quelle fut sa surprise de trouver Bonaparte, tout habillé, avec un bonnet de police sur sa tête, occupé à travailler au milieu d'une foule de cartes, de plans et de livres ouverts. — Vous n'êtes donc pas encore couché, lui dit cet ami. — Je suis levé, au contraire, lui répondit Bonaparte. — Comment? — Oui : quand j'ai dormi deux ou trois heures, c'est bien assez.

La France, qu'il devait sauver, fut sur le point de le perdre quelque temps après. Bonaparte, révolté contre une injustice qu'on voulait lui faire essuyer en l'arrachant à son corps et à ses habitudes antérieures, pour le faire servir dans l'infanterie, forma le projet de se retirer à Constantinople. Heureusement le comité de salut public lui refusa la permission dont il avait besoin pour sortir de la France ; et ses amis étant parvenus à adoucir son ame aigrie, il reprit ses fonctions militaires et ses travaux habituels, jusqu'à l'époque du 13 vendémiaire, où il fut chargé en second, sous Barras, du commandement des troupes de ligne.

Tout le monde sait quelle espèce de lutte s'était élevée à cette époque entre la convention et les sections de Paris. Sans entrer dans la discussion des torts dont les partis opposés se sont mutuellement noircis ; il est certain que les esprits avaient été tellement exaspérés, que la discorde avait été si adroitement et si profondément semée, que les animosités étaient devenues si furieuses, les prétentions si exagérées et les dispositions si hostiles, qu'une action était inévitable. Quel était alors le devoir de tout militaire soumis à des ordres supérieurs ? Celui d'agir conformément aux volontés de ses chefs : telle est la loi de la discipline des camps ; tel est l'ordre constant qui ne souffre pas d'exception , et sans lequel tout serait bouleversé et confondu dans le système militaire.

Cette loi sévère, mais nécessaire, est la seule réponse à opposer aux ennemis de Bonaparte, qui ont voulu faire rejaillir sur lui les résultats sanglans du 13 vendémiaire. Personne n'ignore au surplus, que dans les dispositions qui lui furent abandonnées , il se conduisit en militaire aussi généreux que brave. Que de torrens de sang il épargna peut-être, en écartant, par la terreur des coups de canon tirés à poudre , pendant toute la nuit, les sections furieuses qui cherchaient à se rallier pour revenir à la charge ? Quel pouvoir aurait empêché Bonaparte, s'il eût voulu se baigner dans le sang, de livrer à une exécution militaire, ces sections imprudentes, qui avaient tout fait pour exaspérer la colère du soldat et les passions d'un jeune guerrier bouillant d'ardeur ? Au reste, l'histoire impartiale, celle qui s'écrira lorsque les préventions des partis seront éteintes, avec ceux qui les nourrissent ou qui les alimentent, en disant, quels étaient les hommes qui dirigeaient les sections de Paris, et quel était leur but, mettra les événemens du 13 vendémiaire à leur place, et peut-être cette journée y sera-t-elle classée parmi celles ou une autorité légitime dut employer la violence pour réprimer des mouvemens séditieux.

CAMPAGNES DE BONAPARTE

EN ITALIE,

Jusqu'au Traité de Paix de Campo-Formio.

LES dissentions intérieures qui avaient conduit la France à deux doigts de sa perte, n'étaient pas le seul danger auquel il fût instant de remédier, lorsque la journée du 13 vendémiaire éclata. Le Midi, que garantissait faiblement une armée de soixante mille hommes, qui se tenait sur la défensive, sur les rochers stériles de la rivière de Gênes, était prêt à être envahi par une armée autrichienne, plus forte du tiers, commandée par des généraux expérimentés, et qui était encore soutenue par environ deux cents mille auxilliaires, tant de troupes régulières que de milice armées, fournies par le pape, et les rois de Sardaigne et de Naples.

Cet effort de la coalition, combiné avec les troubles intérieurs, et une invasion tentée par les Anglais sur les côtes des départemens de l'Ouest, annonçait à la république l'explosion prochaine d'un orage terrible, dont les désastres auraient pu être incalculables, si le génie de la France n'eût en même-temps appelé sur la scène, celui qui tout-à-coup devait la faire changer de face, conjurer l'orage, et faire retomber ses fureurs sur la tête de ses ennemis. Nommé au commandement de l'armée d'Italie, Bonaparte se montre aux soldats qu'il doit conduire à la victoire. Que voit-il ? Des guerriers bravant encore, à la vérité, le fer ennemi, mais succombant sous la multitude des maux qui les accablaient de toutes parts, privés de tout, manquant de pain, de vêtemens, et même d'armes. Ces honorables défenseurs de la liberté, ne comptaient plus que sur les ressources d'un courage inépuisable, et sans renoncer à l'espoir de sauver leur patrie, ils cherchaient vainement quel génie puissant pourrait les arracher aux maux qui rendaient leur valeur et leur constance presque inutiles. A l'aspect du jeune héros, sur le front duquel brillaient déjà les présages de la gloire immortelle qu'il allait recueillir, leur confiance se ranime, leur courage s'exalte, et cette armée de soldats abattus, consternés, se change tout-à-coup en une armée de héros. Bonaparte leur montre de loin les plaines fertiles où ils doivent trouver du pain et des vêtemens. Cette espérance efface le souvenir de tous leurs maux, et ils s'apprêtent à marcher à l'ennemi.

La bataille de *Montenotte* ouvrit la carrière des combats. Le général Beaulieu qui commandait alors l'armée des coalisés en Italie, voulant déloger les Français des états de Gênes, les attaqua le 22 germinal an 4; le choc fut vif; mais la victoire ne tarda pas à couronner la valeur et les savantes dispositions de Bona-

parte, qui, après avoir laissé quinze
cents ennemis tués sur le champ de
bataille, et fait deux mille cinq cents
prisonniers, marcha à *Millesimo*,
où une seconde victoire lui ouvrit
le chemin de l'Italie. Là, commencèrent à se réaliser les espérances
qu'il avait données à son armée.
Les vivres, les munitions et les vêtemens arrachés à l'ennemi vaincu
abondèrent dans le camp des Français, et ajoutèrent à la confiance
qu'inspirait un général qui savait si
bien tenir les promesses qu'il fai-
sait. La victoire de *Mondovi*, rem-
portée le 3 floréal sur les Piémon-
tais, ajouta de nouveaux trophées
à la gloire de Bonaparte; le roi de
Sardaigne soumis demanda un armistice; les forteresses de Tortone
et de Coni, livrées au vainqueur,

devinrent les gages de sa fidélité, et assurèrent la marche de Bonaparte vers la conquête de l'Italie. Le lendemain de la signature de l'armistice, l'armée française se mit en mouvement et se dirigea vers le Pô. Dans sa retraite rapide, Beaulieu venait de traverser cette rivière, et se disposait à en disputer le passage aux Français. Un mouvement simulé lui fit dégarnir ses positions, et Bonaparte eut le temps de traverser le Pô, et de ranger son armée en bataille sur les bords opposés, avant que l'ennemi se fût apperçu de ses desseins. Surpris et attaqué dans le Village de *Fombio*, Beaulieu ne put tenir long-temps contre l'impétuosité des Français : il se retira en désordre, laissant la terre couverte de ses morts jusqu'à l'Adda qu'il mit entre lui et son vainqueur. Un armistice avait sauvé le roi de Sardaigne ; le duc de Parme, effrayé, chercha son salut dans une pareille ressource ; et il signa les conditions que Bonaparte voulut lui dicter.

Cependant l'armée autrichienne, retirée sous les murs de Lodi, semblait braver, dans cette position, les efforts des Français. Il fallut la combattre pour pénétrer dans la place ; mais à peine s'en furent-ils emparés, que Beaulieu, rangé en bataille sur la rive gauche de l'Adda, la fit canonner vivement. Un pont séparait alors l'armée française de l'armée autrichienne ; trente pièces de canon de position en défendaient le passage : mais quelle barrière pouvait arrêter la marche d'un vainqueur que les obstacles semblaient irriter ? Dès-que toute l'armée française fut arrivée, elle se forma en colonnes serrées, et se présenta au pas de charge sur le pont ; accueillie par un feu terrible, la tête de la colonne hésita un instant. Mais, ô monument éternel de la valeur française ! plusieurs généraux se précipitent à-la-fois avec le héros qui les commande à la tête de cette colonne, et décident le sort en balance : la mort, l'épouvante et la fuite passèrent dans les rangs ennemis ; en un clin d'œil toute l'artillerie qui défendait le passage, fut enlevée ; l'ordre de bataille fut rompu, et tout ce qui échappa au fer des Français, fut dispersé et culbuté. Cette mémorable victoire ouvrit à Bonaparte les portes de Mi-

Ian, fit tomber les forteresses de Pavie, de Pizzigthone et de Crémone, et força le duc de Modène à signer un armistice, dont les conditions augmentèrent les ressources de l'armée d'Italie, autant qu'elles firent honneur à la clémence du vainqueur.

Tant de marches, tant de fatigues, sans lasser le courage des Français, nécessitaient quelques jours de repos; Bonaparte les accorda à son armée; mais craignant pour elle le séjour d'un pays déjà fameux par les séductions dont il enivre ceux qui le fréquentent, il la rappela bientôt à son énergie et à ses destinées. « Oni, soldats, disait-il, dans une » proclamation aussi forte d'idées » que remplie d'héroïsme et de » grandeur, vous avez beaucoup

» fait ; mais ne vous reste t-il plus
» rien à faire ? Dira t-on que nous
» avons su vaincre, mais que nous
» n'avons pas su profiter de la vic-
» toire ? La posterité nous reproche-
» ra-t-elle d'avoir trouvé Capoue en
» Lombardie ? .... Mais je vous vois
» déjà courir aux armes ; un lâche
» repos vous fatigue ; les journées
» perdues pour la gloire le sont pour
» votre bonheur. Hé bien ! partons ;
» nous avons encore des marches
» forcées à faire , des ennemis à
» soumettre , des lauriers à cueillir ,
» des injures à venger ».

L'armée de Beaulieu subsistait en effet encore ; ses débris épars s'é-taient rassemblés au-delà du Min-cio , et menaçaient de disputer aux Français le passage de cette rivière. Ils étaient soutenus par l'importante

forteresse de Peschiera, que la re-
publique de Vénise leur avait per-
mis d'occuper contre toute espèce
de droit des gens. Instruit de la position des Autrichiens, Bonaparte
se dirigea sur *Borghetto*, où il avait
résolu de passer le Mincio. Une forte
avant-garde ennemie en défendait
l'approche. Bonaparte la fit charger
par sa cavalerie ; le combat ne fut
pas long : dans leur déroute, les
Autrichiens s'empressèrent de passer le pont et d'en couper une arche.
On était occupé à la raccommoder
avec peine sous le feu des batteries,
lorsque cinquante grenadiers, im-
patiens de ce délai, et brûlans d'en-
gager le combat, se jetèrent dans le
Mincio ; et tenant leurs fusils sur
leurs têtes, ayant de l'eau jusqu'au
menton, le passèrent et tombèrent

sur les premiers rangs ennemis. Cette action héroïque décida la victoire. Beaulieu, après une vaine résistance et une perte considérable, s'enfuit vers les montagnes du Tyrol, et ne songea plus à disputer à Bonaparte la conquête d'un pays où la victoire n'avait cessé de couronner ses efforts.

Ce fut alors que ce héros tourna ses regards vers l'intérieur de l'Italie. Tandis que ses lieutenans s'occupaient à en consolider la conquête en s'emparant de Vérone et de la citadelle de Milan, en formant le blocus de Mantoue, et en chassant les Anglais de Livourne; il entendit les propositions de Rome, de Naples et des autres petits princes d'Italie. Rome effrayée s'empressa de signer un armistice, dont les conditions étaient qu'elle renonçait aux légations de Bologne et de Ferrare, qu'elle remettrait entre les mains des Français la ville et la citadelle d'Ancône, et qu'elle payerait une somme de vingt millions, en même-temps qu'elle donnerait cent objets d'arts choisis dans les musées de cette capitale, et cinq cents manuscrits de la bibliothèque du Vatican. Naples signa aussi son traité particulier, et envoya un ambassadeur à Paris solliciter la paix : enfin, une république fut organisée dans le sein de l'Italie, et des troupes nationales furent levées pour assurer la liberté qui venait d'éclore.

Tandis que toutes ces choses se passaient en Italie, le cabinet de Vienne croyant changer le sort qui jusqu'à ce moment avait trompé

ses espérances , rappela Beaulieu ,
et lui donna pour successeur le
maréchal Wurmser. On renforça
l'armée de ce dernier de vingt-cinq
mille hommes tirés des bords du
Rhin , qui joints à d'autres levées,
et aux débris de l'armée de Beaulieu , formèrent au nouveau général
des forces imposantes. Ici la scène
va changer pour quelques instans.
L'armée française trop disséminée
pour lutter avec avantage contre
des forces si supérieures , ne put
résister à une première attaque.
Battue de toutes parts , elle se re-
plia de tous ses points , et leva pré-
cipitamment le siége de Mantoue
en laissant dans ses retranchemens
cent quarante bouches à feu. Bonaparte n'avait point assisté à ce premier échec ; sa présence vint rendre

à ses troupes toute leur énergie , et l'offensive fut reprise de toutes parts.

A *Brescia*, l'ennemi fut chassé dans les montagnes , après avoir perdu ses tentes et ses munitions. A *Castiglione* , Wurmser lui-même perd cinq-cents hommes , dix-huit pièces de canon , et laisse deux mille prisonniers. En marchant sur Lonado , Bonaparte apprend que son avant-garde a perdu deux pièces d'artillerie , un général , et une partie de la dix-huitième demi-brigade ; il arrive , attaque l'ennemi avec fureur ; lui reprend le général et sa troupe , et le poursuit jusqu'à Dezenzano. Tandis que Wurmser s'établit avec toutes ses forces en arrière de Castiglione prolongeant sa droite au Mincio , et sa gauche vers la Chiésa , et qu'il se dispose à livrer bataille, Bonaparte songe à détruire les corps ennemis postés à Salo et Gavardo, et il s'avance lui - même sur ces points, n'ayant à sa suite que douze cents hommes. C'est alors qu'arriva cette circonstance mémorable qui, dans la vie militaire de Bonaparte, est une des plus étonnantes et des plus curieuses. Il était à Lonado, lorsqu'un parlementaire ennemi demanda à être présenté au général français ; on l'introduit les yeux bandés. Cet officier déclare que la gauche de l'armée française est cernée, et que son général fait demander si les français veulent se rendre. — Allez dire à votre général, lui répond Bonaparte, que s'il a voulu insulter l'armée française, je suis ici ; que c'est lui-même et son corps qui sont prisonniers, qu'il a une de ses colonnes coupée par nos troupes à Salo, et par le passage de Brescia à Trente, que, si dans huit minutes, il n'a pas mis bas les armes, que s'il fait tirer un coup de fusil, je fais tout fusiller. Débandez les yeux à monsieur, ajouta-t-il, voyez le général Bonaparte et son état-major au milieu de la brave armée républicaine. Dites à votre général qu'il peut faire une bonne prise. —— Pendant que le parlementaire va rendre ces paroles à son général, Bonaparte fait des dispositions d'attaque : le chef de la colonne ennemie demande à être entendu ; il propose de se rendre, il veut capituler. —— Non, répond Bonaparte, vous êtes prisonnier de guerre. —— L'ennemi veut se consulter, Bonaparte ordonne l'attaque et force le général ennemi à mettre bas les armes et à se rendre. C'est alors que l'on eut le spectacle aussi étonnant que singulier, de trois bataillons, forts de quatre mille hommes et deux cents hulans avec quatre pièces de canon, défilant devant douze cents hommes : les fastes militaires offrent peu de traits dignes d'être placés à côté de celui-là.

La bataille de Castiglione qui eut lieu le lendemain, couronna tant de mouvemens et tant d'efforts : Wurmser y perdit quinze pièces de canon, cent vingt caissons, et huit cents hommes faits prisonniers; poursuivi jusqu'à Roveredo, il voulut tenter encore le sort des armes; mais après un combat très-vif, il fut forcé de se replier et de se ren-

fermer dans les murs de cette place.
Son quartier général était à Trente ;
pour lui donner le temps de l'évacuer, Wurmser rallie quelques
troupes et se place à l'entrée de la
gorge qui défendait la ville ; Bonaparte prenant alors de nouvelles
dispositions, l'attaque par un feu
vif d'artillerie et par des tirailleurs,
et le force d'abandonner ce poste,
en laissant sept mille prisonniers,
vingt-cinq pièces de canon, cinquante caissons et sept drapeaux.
La prise de Trente fut le prix de
cette action mémorable. Depuis cet
instant, la marche de Bonaparte
ne fut qu'une suite continuelle de
triomphes. Ni les gorges de la *Brenta*
qu'il fallait traverser, ni la résistance opiniâtre de l'ennemi à *Bas-*
sano, ne purent en retarder l'impétuosité

pétuosité. Coupé de toutes parts, Wurmser n'eut plus d'autres ressources que de se jeter dans Mantoue , et de s'y enfermer après une action qui lui enleva les postes extérieurs qui pouvaient encore le couvrir.

Cependant le cabinet de Vienne instruit de la détresse de Wurmser songeait à réparer ses pertes. Cinquante mille hommes , sous le commandement des généraux Alvinzy et Davidovich , eurent ordre de filer dans le Tyrol , et de se diriger à grandes journées vers Vérone. Instruit de leur marche , Bonaparte vole à leur rencontre , passe l'Adige , et se dispose à les attaquer. Le village d'Arcole extrêmement fort par sa position , au milieu des canaux , séparait les deux armées ; et

pour déloger les troupes qui le défendaient, il fallait passer un petit
pont. Pendant toute une journée,
l'avant-garde de l'armée française
fut arrêtée devant ce pont : envain
les officiers généraux se précipitent
à la tête des colonnes , pour les
obliger à le passer. Envain Auge-
reau , qui commandait la division ,
saisissant un drapeau , le porte à
travers le feu terrible des ennemis,
jusqu'à l'extrémité du pont , et y
reste pendant quelques minutes. Tant
d'efforts restent sans effet. Sur ces
entrefaites , Bonaparte arrive avec
tout son état-major ; il demande aux
soldats s'ils sont les mêmes qui
avaient forcé le pont de Lodi ; et
voyant leur enthousiasme renaître ,
il saute en bas de son cheval, saisit
un drapeau, s'élance à la tête des

grenadiers , et court sur le pont en leur criant : *Suivez votre général.* La colonne s'ébranle un instant; elle était à trente pas du pont , lorsque le feu de l'ennemi la fit reculer , au moment même où il allait prendre la fuite. Forcé de renoncer à l'attaque du village , Bonaparte attendit qu'une colonne qui devait le tourner fût arrivée : quand cette opération fut exécutée , la célèbre bataille d'Arcole s'engagea , et cette journée devint une des plus mémorables de la guerre de la liberté. Les Autrichiens y laissèrent cinq mille prisonniers, quatre drapeaux , dix-huit pièces de canons , quatre mille morts , et autant de blessés.

La nouvelle de cette défaite porta la consternation dans les murs de

Vienne. L'Empereur ordonna de nouvelles levées ; on enrola volontairement les jeunes gens de la capitale, et on forma une nouvelle armée de quarante-cinq mille hommes, que l'on fit précéder, et suivre d'une nombreuse artillerie. Avec ces renforts, les Autrichiens reprirent l'offensive, et obtinrent quelques avantages ; mais la bataille de *Rivoli* les rendit bientôt au souvenir de leurs défaites. Un de leurs généraux, Provera, s'étant avancé du côté de Mantoue, pour en faire lever le siége, et opérer sa jonction avec la garnison de cette place, Bonaparte le fit attaquer sous les murs de cette ville, et par une manœuvre savante, secondée à propos par le général Miolis, qui commandait à Saint-Georges, fit mettre bas

les armes au général Autrichien,
et fit prisonnière toute sa colonne,
composée de six mille hommes d'infanterie, et de sept cents cavaliers.
La reddition de Mantoue fut le
résultat de cette action. Cette place
importante se rendit le 15 pluviose
an 5.

Effrayée de tant de désastres,
la cour de Vienne se décida enfin
à opposer à Bonaparte ses dernières
ressources. Le prince Charles, qui
commandait sur les bords du Rhin,
fut appelé à sauver l'Allemagne ;
et ce jeune guerrier, sur lequel re-
posaient tant d'espérances, se rendit sur les bords de la *Piave*, pour
en disputer le passage aux Français
qui en occupaient la rive opposée.
Résolu de forcer l'Autriche à la

paix, ou de la réduire par l'ascendant de son génie, Bonaparte avait formé le projet de marcher sur Vienne. Le passage de la *Piave*, et ensuite celui du *Tagliamento*, furent un léger obstacle pour ce héros, à qui rien ne pouvait résister. Les combats de *Cascevola* et de *Clausin* qu'il fallut livrer immédiatement après, ne firent qu'ajouter aux désastres de l'Autriche. Envain le prince Charles déploya toutes les ressources de sa bravoure et de ses talens. Le Tyrol tout entier fut conquis, et l'armée républicaine, qui n'avait plus d'ennemis à combattre, ni de places fortes à soumettre, se mit en marche sur Vienne. Bonaparte n'en était plus qu'à vingt-neuf lieues, lorsque l'Empereur prit le parti de demander une suspension d'armes, qui lui fut accordée: Cette suspension amena des préliminaires de paix, qui furent signés à Léoben. Dans un des articles du traité, l'Empereur déclarait reconnaître la République française. Bonaparte interrompit avec dignité : — La République française, dit-il, est comme le soleil sur l'horison; bien aveugles sont ceux que son éclat n'a pas encore frappés ! — Et l'article fut rayé. Les ministres, que l'Empereur avait envoyés à Campo-Formio pour traiter de la paix, ayant voulu employer cette finesse et cette astuce si ordinaires aux cours, Bonaparte, dans un moment d'impatience, bien justifié par les circons-

tances, prit un cabaret de porce-
laine précieuse, qui se trouvait sous
sa main, et le brisant en mille mor-
ceaux, dit au conseil assemblé : —
Ainsi je vous réduirai en poussière,
puisque vous le voulez. — Et il sortit sur-le-champ. Ce ne fut qu'en
lui promettant d'accélérer le moment de la signature de la paix,
qu'on parvint à l'appaiser. Un cour-
rier partit en effet quelques jours
après, et le traité fut signé.

BONAPARTE

REVIENT A PARIS,

Accueil qu'il y reçoit. — Expédition d'Egypte.

LA France entière soupirait après le moment de voir rentrer dans son sein le vainqueur de l'Italie , celui qui avoit fait succéder tant d'espérances à de si vives alarmes ; le nom de Bonaparte inspirait un enthousiasme général ; la plus vive reconnaissance se confondait dans tous les cœurs à l'admiration qu'avait fait naître le bruit de son courage héroïque et des succès inouis qui l'avaient couronné. Bonaparte, cédant lui-même au desir de revoir un pays qui lui était cher à tant de titres, où il avait laissé sa famille, son épouse et ses amis, revint à Paris dès que le traité de Campo-Formio eut été signé, et reparut au sein de la République française, désormais affermie par ses mains, reconnue par les ennemis les plus déclarés de son existence, et jouissant d'une considération acquise par la victoire, et soutenue par la sagesse de celui qui l'avait immuablement fixée sous les drapeaux de la liberté.

L'accueil que Bonaparte reçut à Paris répondit à l'admiration qu'il avait inspirée. Combien de fois l'œil

empressé du public chercha à le dé-
mêler dans la foule où sa modestie
le tenait confondu, pour lui adresser
l'hommage de sa reconnaissance !
Nommé ministre plénipotentiaire
au congrès de Rastadt, où devait se
traiter la paix définitive, Bonaparte
s'y rendit ; mais il y démêla bientôt
les vues secrètes et les prétentions
des ministres des cours ; et pré-
voyant la continuation de la guerre,
il revint à Paris, où il proposa
au gouvernement l'expédition de
l'Egypte, c'est-à-dire, l'une des plus
grandes et des plus périlleuses entreprises qui aient jamais été conçues.
Son projet ayant été adopté, les
préparatifs et l'exécution lui en
furent confiés ; et dans le mois de
floréal an 6 tout se trouva prêt pour
tenter la conquête de l'Egypte.

Ce pays , situé à l'extrémité de l'Afrique , qui confine l'Asie , entre la Méditerranée et la mer Rouge , était devenu , après une longue suite de révolutions , une des provinces du vaste empire Ottoman. L'objet de sa conquête était d'attaquer avec avantage la puissance des Anglais dans les Indes , et de contrebalancer l'influence que le cabinet britannique avait obtenue sur les puissances continentales de l'Europe.

Ce fut le 30 floréal an 6 que Bonaparte sortit du port de Toulon , ayant sous ses ordres une escadre composée de 194 voiles , portant 19 mille hommes de débarquement , non compris 2,000 employés , artistes , savans , etc. Le 23 prairial suivant il parut devant Malte qui , sommée de se rendre aux armes de la République, capitula ; et le lendemain l'armée française entra en possession de cette ville et de ses forts. Le séjour de Bonaparte dans l'isle de Malte ne fut pas long. Le 1er. messidor l'escadre française remit à la voile, et continua sa route vers les côtes d'Afrique. Le 4 du même mois, l'armée apprit sa destination par une proclamation de Bonaparte, dont voici les traits principaux.

« Soldats, vous allez entrepren-
» dre une conquête dont les effets
» sur la civilisation et le commerce
» du monde sont incalculables....
» Nous ferons quelques marches
» fatigantes ; nous livrerons plu-
» sieurs combats ; mais nous reus-
» sirons dans toutes nos entreprises ;
» les destins sont pour nous..... Les

» peuples chez lesquels nous allons
» entrer, traitent les femmes diffé-
» remment que nous ; mais dans
» tous les pays, celui qui viole est un
» monstre.... Le pillage n'enrichit
» qu'un petit nombre d'hommes ;
» il nous déshonore , il détruit nos
» ressources , il nous rend ennemis
» des peuples qu'il est de notre in-
» térêt d'avoir pour amis.... La pre-
» mière ville que nous allons ren-
» contrera été bâtie par Alexandre ;
» nous trouverons à chaque pas de
» grands souvenirs dignes d'exciter
» l'émulation des Français ».

Le 12 on découvrit les côtes d'A-
frique ; le lendemain l'escadre entra
dans la rade d'Alexandrie. Le débarquement eut lieu dans la nuit
même ; et à la pointe du jour l'attaque de la ville commença. La ré-

sistance fut opiniâtre mais inutile ; avant la fin du jour Alexandrie était au pouvoir des Français. Le premier soin de Bonaparte, après la prise de cette place, fut de rassurer les habitans et d'intéresser à sa cause les principaux chefs de la religion et de la magistrature musulmanes, avec lesquels il fit un traité. Il employa ensuite quatre jours à organiser le gouvernement provisoire d'Alexandrie ; et après avoir donné des ordres pour mettre le port et la place en sûreté, il partit pour le Caire, précédé de la division du général Desaix, qui devait se porter sur Demanhour, et de celle du général Kleber, qui devait attaquer Rosette, y laisser garnison, et remonter la rive gauche du Nil pour se rendre à la hauteur de De-

manhour. Après une marche forcée à travers un désert affreux, Bonaparte arriva le 20 messidor à Demanhour, y séjourna deux jours
et se mit ensuite en marche pour
Rahmanié, où il resta deux jours
encore. Il savait que l'ennemi l'at-
tendait à *Cheibresse* ; le 24 au soir,
Bonaparte s'en approcha ; et le lendemain à la pointe du jour, il se
trouva en sa présence. Tandis que
la flotille, qui suivait les mouvemens de l'armée, attaquait les cha-
louppes canonnières que *Murat-
Bey* avait établies sur le Nil, Bonaparte livra bataille à la cavalerie
des Mamelucs, qui inondait la
plaine, et la força à une fuite pré-
cipitée. Le lendemain, ne trouvant
plus d'ennemis, il poursuivit sa
marche ; et le 2 thermidor au soir,

il se trouva avec son armée à six lieues du Caire. Là, il apprit que 28 Beys, avec toutes leurs forces, s'étaient retranchés à *Embabé*, et qu'ils avaient garni leurs retranche-mens de 60 pièces de canon. C'était la seconde fois depuis la prise d'Alexandrie que l'armée française trouvait l'occasion de se signaler. Elle en profita. Ni la nombreuse cavalerie des Beys, ni les retranche-mens hérissés d'artillerie d'Embabé ne purent modérer son impétuosité. Malgré la bravoure et l'opiniâtreté des Mamelucs, qui avaient fondé sur cette action le salut de leur pays et de leur fortune, la victoire fut complète. Presque tous les Beys furent tués ou blessés, et plus de quatre cents chameaux chargés de bagages, et cinquante pièces d'ar-

tillerie furent la proie du vainqueur.
Le 4 , Bonaparte adressa à la ville
du Caire qui était venue se rendre
à lui , la proclamation suivante :
« Peuple du Caire ! je suis content
» de votre conduite. Vous avez bien
» fait de ne pas prendre parti contre
» moi ; je suis venu pour détruire
» la race des Mamelucs , protéger
» le commerce et les naturels du
» pays : que tous ceux qui ont peur
» se tranquillisent ; que ceux qui
» sont éloignés rentrent dans leurs
» maisons ; que la prière ait lieu
» aujourd'hui, comme à l'ordinaire,
» et comme je veux qu'elle con-
» tinue toujours ; ne craignez rien
» pour vos familles, vos maisons,
» vos propriétés, et surtout pour
» la religion du Prophète, que
» j'aime ».

Bonaparte, après être resté au Caire le temps suffisant pour assurer cette nouvelle conquête, en partit avec le dessein de soumettre le reste de l'Egypte, et d'en chasser entiérement l'armée d'Ibrahim-Bey, qui fuyait vers la Syrie. Après quatre jours de marches forcées, son avant-garde atteignit Ibrahim-Bey, au moment où sa cavalerie et ses bagages partaient à la hâte de Sala-chich, sur la nouvelle de l'approche des Français. Quelqu'impétuosité que missent dans leur attaque cent hommes, tant chasseurs que hussards, Ibrahim-Bey eut le bonheur d'échapper avec ses trésors, et de gagner les déserts qui conduisent en Syrie. Bonaparte ne pouvant le suivre pour l'instant, revint au grand Caire. Il y était occupé

de l'organisation intérieure de l'E-
gypte., lorsqu'il fut averti qu'une
sédition, tramée sourdement, était
sur le point d'éclater dans la capitale. En effet, le 3o vendémiaire
au matin, il se forma à la grande
mosquée un rassemblement considérable. Instruit de cette circonstance, le général Dupuis s'y rendit
à la tête de douze dragons ; il essaya
de disperser les séditieux ; mais des
outrages et des insultes furent toute
leur réponse. Ayant voulu les re-
pousser par la force, il fut assailli,
ainsi que son escorte, et blessé mor-
tellement en deux endroits. Quelques dragons périrent, les autres
le conduisirent chez lui, où il mou-
rut deux heures après. Cet événement fut le signal de la sédition ;
toutes les mosquées du Caire furent

aussitôt remplies d'hommes armés, et la vie des Français fut partout poursuivie et menacée. Averti de ces faits, Bonaparte fit marcher un bataillon vers la grande mosquée; d'autres troupes se dirigèrent en même-temps contre les autres rassemblemens, et de toutes parts l'attaque et la défense commencèrent avec fureur. Animés par le désir de la vengeance, les Français qui étaient à la grande mosquée ne tardèrent pas d'en enfoncer les portes. Le carnage des ennemis fut horrible; ailleurs, la résistance ne fut pas longue, et le châtiment le plus exemplaire suivit de très près l'imprudente révolte des Turcs.

Bonaparte voyant le calme rétabli, ne songea plus qu'aux préparatifs de l'expédition qu'il méditait contre la Syrie. Il avait à venger contre Djezzar, pacha de cette province, l'accueil qu'il avait fait à Ibrahim-Bey, et ses dispositions hostiles contre les frontières de l'Egypte. Mais avant de partir pour la Syrie, il voulut se rendre maître de Suez, et reconnaître par lui-même ce point si important pour le commerce de l'Inde. Il arriva à Suez le 17 frimaire, et il en prit possession le même jour, au nom de la république française. Ce fut-là qu'il apprit que Djezzar venait d'être nommé pacha de Damas et d'Egypte, qu'il rassemblait un corps de troupes, et que déjà une partie s'approchait d'El-Arisch, situé à une journée, à l'entrée du désert. Aussitôt, il donna des ordres pour empêcher les progrès de ce pacha; et après avoir fait sur le port de Suez les observations qui convenaient à ses vues, et résolu par ses propres recherches le problême de l'existence du canal qui a dû joindre la Mer Rouge à la Méditerranée, il revint au Caire, où il rentra le 17 nivose.

L'expédition de la Syrie l'occupa dès-lors tout entier. Il fit embarquer à Alexandrie de l'artillerie destinée au siége d'Acre, et ordonna au contre-amiral Perée, d'aller croiser devant Jaffa, et de se mettre en communication avec l'armée. Quant à lui, après avoir donné ses ordres au Caire, et nommé des comman- dans tant pour cette place que pour Alexandrie et Damiette, il partit avec son armée, et arriva le vingt- neuf pluviose au village d'El-Arich, dont les généraux Regnier et Kléber s'étaient déjà emparés à l'exception du fort où les ennemis s'étaient fortifiés. Bonaparte, en arrivant, fit canonner une des tours du château ; la brêche commencée, il fit soinmer la garnison qui capitula le deux ventose, et sortit avec armes et bagages. Le 6, l'armée marcha à Kan-Lounesse, premier village de la Palestine, d'où l'on découvre la plaine de Gaza. En approchant de cette dernière ville, les mamelucs firent mine de vouloir attaquer, mais après quelques escarmouches, ils se retirèrent, et Bonaparte entra dans Gaza sans résistance, les habitans lui ayant ouvert les portes de la ville et demandé son alliance et sa protection.

Cependant l'ennemi avait rassemblé ses forces à Jaffa. En arrivant

vant devant cette place, Bonaparte en fit faire le siége: le 16 au matin, les batteries commencèrent leur feu, la brêche parut praticable à quatre heures du soir, et à cinq, l'assaut fut ordonné : la plus grande partie de la garnison fut passée au fil de l'épée. De Jaffa l'armée se dirigea sur Saint-Jean d'Acre, où elle arriva le vingt-sept ventôse, après s'être emparée chemin faisant de Caïffa, et repoussé quelques attaques tentées à dessein de retarder sa marche sur la ville d'Acre. Le vingt-neuf, on ouvrit la tranchée à environ cent cinquante toises de la place, et on commença le travail des batteries de brêche et de contre-batteries. L'artillerie de siége manquant, elle fut remplacée pour le moment par celle de campagne : le huit germinal , un assaut fut tenté , mais il fut infructueux. Les sorties de l'ennemi combinées avec les mouvemens de la flotte anglaise qui mouillait devant Acre étaient vives et opiniâtres ; ce qui en augmentait la vigueur, c'était l'espérance qu'avaient les assiégés d'être bientôt secourus par les troupes qu'on levait à Alep, à Damas, à Saïd et par les Naplousins. En effet, on apprit bientôt qu'une armée considérable de Turcs et d'Arabes avait passé le Jourdain et qu'elle avait poussé ses avant - postes jusqu'à Lubi. Bonaparte envoya d'abord contre elle le général Kléber, qui culbuta les avant - postes de Lubi et de Sed-Jarra, et les poussa jusqu'au Jourdain où il les aurait poursuivis si sa troupe n'eût pas manqué de cartouches.

Mais cette défaite ne fit que rendre les ennemis plus circonspects ; ils se réunirent de divers points sur les bords du Jourdain et se rendirent dans la plaine de Fouli appelée autrefois Esdrelon. Bonaparte jugeant qu'il fallait une bataille décisive pour dissiper cette nuée d'ennemis, ordonna les dispositions nécessaires, et partit le neuf germinal du camp devant Acre. Le lendemain il arriva à la vue de Fouli. Dans ce moment, Kléber à la tête de deux mille français se battait au milieu de vingt mille hommes de cavalerie. Bonaparte profitant de l'attention que donnaient les enne-

4.

mis aux mouvemens de Kléber, envoya des détachemens qui les tournant à une grande distance, devaient leur couper toute retraite : le
camp des mamelucs était tendu à
près de deux lieues du point où ils
combattaient : Bonnaparte le fit
séparer de l'armée par une partie
de sa cavalerie ; et lorsque tout fut
disposé pour l'attaque, il fit sa jonction avec le général Kléber, et livra
bataille aux ennemis. La victoire fut
complète, cinq mille turcs restèrent
sur le champ de bataille ; on s'em-
para du camp, des magasins, de
quatre cents chameaux, avec toutes
les tentes et les provisions de l'armée. Des milliers d'Arabes croyant
passer à gué le Jourdain y périrent,
et de cette nuée d'ennemis, il ne

resta que quelques détachemens épars que la terreur empêcha pour long-temps de se réunir.

Bonaparte délivré de la crainte d'être troublé désormais pendant les travaux du siége d'Acre, les reprit avec plus de vigueur; secondé par l'artillerie de siége qui venait d'arriver, il attaqua vivement la place. Sur ces entrefaites, trois cents voiles qu'on apperçut en mer, le dix-huit floréal, lui firent juger que c'était un renfort considérable qu'on amenait aux assiégés. Pour en prévenir l'effet, il ordonna une attaque dans la nuit du dix-huit au dix-neuf. Le succès ne répondant point à ses vues, il fit donner l'assaut le dix-neuf au matin ; l'ennemi le soutint vivement, et malgré l'ardeur de nos troupes il parvint à disposer du renfort qui lui était destiné. Le vingt-un , on donna successivement trois assauts , dans lesquels nous perdîmes environ cinq-cents hommes et plusieurs officiers distingués. Du côté des ennemis le carnage fut horrible, on se battit corps à corps , jamais action n'avait été plus meurtrière. Bonaparte ne pressait ainsi le succès du siége d'Acre que pour avoir le temps de revenir en Egypte , et de s'y trouver dans la saison des débarquemens. Cette impérieuse nécessité le détermina enfin à lever le siége de la ville d'Acre. L'armée en fut prévenue le vingt-huit floréal par la proclamation suivante : « Soldats, vous avez » traversé le désert qui sépare l'Afri- » que de l'Asie avec plus de rapidité » qu'une armée arabe, l'armée qui

» était en marche pour l'Egypte est
» détruite, vous avez pris son géné-
» ral, son équipage de campagne,
» ses outres, ses chameaux, vous
» vous êtes emparés de toutes les
» places fortes qui défendent les
» puits du désert. Vous avez dis-
» persé aux champs du Mont-
» Thabor cette nuée d'hommes ac-
» courus de toutes les parties de
» l'Asie, dans l'espoir de piller
» l'Egypte. Les trente vaisseaux
» que vous avez vu arriver devant
» Acre, il y a douze jours, por-
» taient l'armée qui devait assiéger
» Alexandrie; mais obligée de cou-
» rir à Acre, elle y a fini ses destins;
» une partie de ses drapeaux orne-
» ront votre entrée en Egypte. En-
» fin, après avoir, avec une poi-
» gnée d'hommes nourri la guerre

» pendant trois mois dans le cœur
» de la Syrie, pris quarante pièces
» de campagne, cinquante dra-
» peaux, fait six mille prisonniers,
» rasé les fortifications de Gaza,
» Jaffa, Caïffa, Acre, nous allons
» rentrer en Egypte : la saison des
» débarquemens m'y rappelle. En-
» core quelques jours, et vous aviez
» l'espoir de prendre le pacha même
» au milieu de son palais ; mais
» dans cette saison, la prise du
» château d'Acre ne vaut pas la
» perte de quelques jours ; les bra-
» ves que je devrois d'ailleurs y per-
» dre sont aujourd'hui nécessaires
» pour des opérations plus essen-
» tielles, etc. ».

L'armée exécuta sa marche dans
le plus grand ordre et arriva au
Caire le vingt-six prairial. Le séjour

de Bonaparte dans cette ville ne fut
pas long : après avoir réorganisé
les corps, et remis l'armée en état
de marcher à de nouveaux combats,
il partit du Caire le vingt-six messidor, et se dirigea vers Alexandrie ;
il avait appris qu'une flotte turque
de cent voiles avait mouillé à Aboukir et annonçait des vues hostiles
contre cette ville. Il était depuis
deux jours à Rhamanié lorsqu'il fut
instruit que le fort d'Aboukir s'était
rendu, et que l'ennemi devenu plus
audacieux par cet avantage, se disposait à de plus grandes entreprises.
Son projet fut aussitôt conçu et
déterminé. Le sept thermidor, après
avoir fait toutes les dispositions,
et donné les ordres nécessaires qui
devaient contribuer au gain de la
bataille qu'il se proposait de donner,

il arriva en présence de l'ennemi ;
l'armée fit des prodiges de valeur ,
tout fut mis en fuite , tué ou noyé.
Mustapha pacha , commandant en
chef l'armée turque fut pris : toutes
les tentes , tous les bagages , vingt
pièces de canon tombèrent au pouvoir des français. Il restait le fort
d'Aboukir à reprendre ; après une
vaine résistance il se rendit le dix-
sept ; la garnison composée de deux
mille hommes, vint implorer la clémence du vainqueur. On trouva
dans le château trois cents blessés
et dix-huit cents cadavres.

Telle fut la dernière opération
militaire de Bonaparte en Egypte :
des soins administratifs l'occupèrent
encore quelques jours, il partit ensuite de l'Egypte pour revenir en
France.

RETOUR DE BONAPARTE

EN FRANCE.

DE quels poids pouvaient être les intérêts de l'Egypte, mis en balance avec les intérêts de la République française, auprès de celui qui avait enchaîné toute son existence à l'indépendance de son pays, qui avait fondé sur les trophées de la victoire, l'affermissement de sa liberté, et qui avait acquis le droit incontestable de veiller à son bonheur et à sa prospérité? Ils s'étaient, hélas, réalisés les tristes pressentimens de quelques bons citoyens qui avaient vu avec regret Bonaparte mettre entre lui et la France le vaste espace des mers ; ils craignaient que son génie qui avait jusqu'alors maîtrisé tant d'événemens, en planant sur des bords étrangers, ne manquât à à leur patrie, et que la vengeance de ses ennemis, venant à se ranimer par l'absence de celui qui tant de fois l'avait comprimée, ne s'exerçât avec plus de fureur sur elle comme sur une proie sans mouvement et sans vie.

Combien les événemens avaient justifié ces funestes alarmes ; l'époque du départ de Bonaparte pour l'Egypte semblait avoir été pour la France celle du dépérissement de toutes choses. Les pouvoirs constitués, dans leur lutte imprudente étaient sortis de toutes parts hors

des bornes posées par le pacte so-
cial, et avaient donné le signal de
la discorde ; une véritable anarchie
minait sourdement la République
sous le voile des lois et en leur nom
sacré ; les factions menaçaient de
s'entreheurter encore avec fracas ,
et le scandale de la désunion sortait
du sanctuaire même de la législa-
tion et de l'autorité chargées de la
réprimer.

Consternée de cette lutte , la
France gémissait dans la crainte des
maux les plus affreux. Pendant que
l'ambition et la tyrannie étaient aux
prises , tous les ressorts politiques
s'étaient détendus ; le décourage-
ment avait gagné toutes les ames ;
l'intrigue seule et la cupidité avaient
redoublé d'énergie , et s'étaient par-
tagées en quelque sorte la dépouille

de la République : les animosités et la malveillance de toutes parts ranimées , s'avançaient pour leur contester la proie ; l'ignorance appelée à gouverner planait sur cet abime de maux , et le rendait plus profond chaque jour ; instrumens aveugles des volontés et des caprices d'un gouvernement toujours de plus en plus ombrageux et par conséquent toujours plus oppresseur, ses agens, ses généraux laissaient partout l'empreinte de l'influence fatale qui les dirigeait. La République française périssait, et nulle main ne s'avançait pour la retirer de l'abyme où elle allait s'engloutir.

Et dans cette Italie, conquise au prix du plus pur sang des Français, quels hommes, quels abus y avaient préparé les catastrophes terribles dont ce pays devait être bientôt le théâtre ? A peine Bonaparte en est-il sorti, qu'il devient la proie d'une foule d'exacteurs avides qui semblaient se disputer la honte de dévorer par les déprédations les plus criantes, les peuples et les armées. Quelques jours de paix avaient appelé sur ce sol, naguère honoré par les exploits magnanimes du héros français, la tourbe des vampires odieux, comme après une longue tempète, les rayons du soleil font ressortir du sein de la terre, mille insectes venimeux qui attaquent les plus belles productions de la nature. La probité même, et la valeur sont forcées de plier sous l'indigne influence de ces nouveaux Verrès. O honte ! le vainqueur de Montebaldo et de

Rivoli , l'intrépide et vertueux *Joubert* , celui que Bonaparte avait désigné à l'armée comme le plus digne de le remplacer en Italie, succombe sous le crédit de quelques spéculateurs , dont la cupidité s'irrite de la résistance qu'il leur oppose , et celui qui seul peut - être pouvait maintenir en Italie, la victoire et la confiance , est contraint de se retirer du théâtre de sa gloire, et de l'abandonner à la tourbe des agioteurs , dont il ne put jamais obtenir le châtiment. Etait-ce à Bonaparte à être insensible à tant de maux réunis ? Celui qui avait laissé la France dans la splendeur et dans le repos, pouvait-il voir de sang-froid l'anéantissement de son ouvrage ? Et celui à qui il appartenait de le maintenir, n'avait-il pas le droit de venir le reprendre, puisque toutes les mains avaient concouru à le détruire ?

Nous ne dirons pas quel génie sage et ami de son pays rappela Bonaparte en France. Nous aimons mieux penser que ce héros, déchiré par le spectacle des maux de son pays, ne put résister au désir de venir les réparer. Le général Berthier fut le seul auquel il confia son secret ; il donna un billet cacheté à tous ceux qu'il voulait amener, avec ordre de ne l'ouvrir que tel jour, à telle heure, sur le bord de la mer ; et le 5 fructidor, qui était le jour fixé, il partit pour la France, n'ayant avec lui que deux frégates, un aviso et une tartane. Des vents contraires le retinrent deux jours à Aboukir ; il en sortit le 7, et le 9 vendémiaire il arriva à Ajaccio en Corse, sans avoir rencontré aucun bâtiment ennemi. Forcé par les vents contraires de séjourner en Corse, il n'en sortit que le 13, d'où il se rendit le 16 à Saint-Rapheau, où il débarqua. Le bruit de son arrivée l'ayant précédé à Fréjus, il y entra escorté d'une foule immense de peuple accouru de toutes les communes circonvoisines, et faisant retentir l'air des cris de vive la République ! vive Bonaparte ! Ces cris de félicitation l'accompagnèrent dans toute l'étendue de la France qu'il parcourut pour se rendre à Paris. Jamais tant d'espérances ne se reveillèrent à-la-fois ; jamais un seul homme ne fit renaître tant de consolations. Consternée, abattue, désolée, la France entière crut voir en lui son libérateur et son appui. On se félicitait de son retour comme d'un événement heureux, auquel se rattachaient le salut et le bonheur de la France.

Il était temps en effet que les secousses politiques eussent un terme. Tel était le vœu de tous les Français; il pénétra jusqu'au cœur de Bonaparte; et le 18 brumaire fut résolu.

LE 18 BRUMAIRE

DE L'AN VIII.

Recueillir les débris chance-
lans de l'édifice politique, pour le
raffermir sur ses bases ébranlées,
ou pour le reconstruire sur des fon-
demens nouveaux et plus solides :
tel dut être sans doute le double
objet des méditations qui précé-
dèrent la journée du 18 brumaire.

Quelle garantie pouvait présen-
ter la constitution de l'an 3, qui
avait été tant de fois violée, et qui
avait servi de prétexte à tant d'op-

pressions et même de crimes ? Les froissemens de cinq années d'agitations et de révolutions successives étaient pour elle ce qu'est la durée de plusieurs siècles pour les autres corps politiques. La monarchie , la veille de sa chûte , ne présentait pas des rouages plus dégradés et plus affaiblis par le temps. Les débris de l'édifice , de quelque manière qu'on les eût replacés sur leur base , auraient toujours porté avec eux le germe de leur dépérissement , et la République n'aurait respiré un instant que pour crouler bientôt dans l'abîme qu'on aurait vainement essayé de refermer sous elle.

L'idée de reconstruire l'édifice sur de nouvelles bases dut donc être celle à laquelle s'arrêtèrent les bons esprits. Mais comment espérer de trouver une unanimité de suffrages pour cette opération à-la-fois si délicate et si grande, et qui devait heurter tant de passions ? Il fallait donc s'associer les hommes fortement pénétrés des malheurs publics et de la nécessité de les réparer par un coup décisif..... On avait à redouter l'enthousiasme mal entendu d'une multitude égarée, et l'abus de la popularité dans quelques membres du corps législatif; il fallait donc éloigner ce corps du foyer des agitations populaires, et le mettre à l'abri de l'influence de la multitude.

Il restait à savoir par qui pourrait se faire ce changement. Quel homme, autre que Bonaparte, avait droit d'y prétendre ? Sa réputation remplissait le monde. Absent depuis plus d'une année , les événemens survenus pendant cet intervalle , lui étaient étrangers. Il était aisé de prévoir quelle influence lui donneraient sur la marche du gouvernement et sur les affaires générales de l'Europe ses talens militaires. C'était le seul homme qui pût étouffer tous les partis ou les concilier , et donner à la France la paix intérieure et extérieure dont elle avait un si pressant besoin.

Bonaparte consentit donc à fixer sur sa tête une immense responsabilité , en se chargeant des rênes du gouvernement. Voici les faits principaux qui marquèrent l'époque où s'exécuta le plan qui devait les placer dans ses mains.

Le 18 brumaire , le conseil des anciens rendit , sur les huit heures du matin, un décret qui transférait le corps législatif à Saint-Cloud ; le même décret chargeait le général Bonaparte de son exécution, et mettait à sa disposition les gardes du corps législatif et toutes les troupes de la dix-septième division. Bonaparte était dans sa maison, rue des Victoires, lorsqu'on lui notifia ce décret ; il se rendit de suite au conseil des anciens où, après avoir entendu le décret que le conseil avait pris, il parla ainsi : « Citoyens » représentans, la République pé- » rissait ; vous l'avez su, et votre » décret vient de la sauver. Mal- » heur à ceux qui voudraient le » trouble et le désordre ! je les ar- » rêterai, aidé du général Lefebvre, » du général Berthier, et de tous » mes compagnons d'armes. Qu'on

» ne

» ne cherche pas dans le passé des
» exemples qui pourraient retarder
» votre marche; rien dans l'his-
» toire ne ressemble à la fin du
» 18e. siècle. Votre sagesse a rendu
» le décret; nos bras sauront l'exé-
» cuter. Nous voulons une vraie
» république fondée sur la vraie li-
» berté, sur la liberté civile, sur la
» représentation nationale : nous
» l'aurons, je le jure..... je le jure
» en mon nom et en celui de mes
» compagnons d'armes ».

La proclamation que Bonaparte
adressa le même jour aux troupes
stationnées à Paris, mérite d'être
également citée. « Dans quel état,
» dit-il, j'ai laissé la France ! dans
» quel état je la retrouve ! je vous
» avais laissé la paix, et je retrouve
» la guerre ! je vous avais laissé des

» conquêtes, et l'ennemi passe vos
» frontières ! j'ai laissé vos arse-
» naux garnis, et je n'ai pas trouvé
» une arme ! vos canons ont été
» vendus ; le vol a été érigé en sys-
» tême ; les ressources de l'état
» sont épuisées : on a eu recours à
» des moyens vexatoires, reprou-
» vés par la justice et le bon sens.
» Où sont-ils les braves, les cent
» mille camarades que j'ai laissés
» couverts de lauriers ? que sont-
» ils devenus ? ils sont morts !... »

Tandis que ces choses se passaient aux Tuileries, le directoire,
extraordinairement assemblé, déli-
bérait sur la nature du mouvement
qui s'annonçait, et sur les moyens
de le prévenir. Il n'était composé
que de trois membres ; savoir, de
Barras, Gohier et Moulin ; les deux

autres, Sieyes et Roger-Ducos, s'é-
taient rendus vers les neuf heures à
la commission des inspecteurs du
conseil des anciens. En vain les
trois directeurs requirent la force
armée ; le commandant militaire se
refusa à leur sommation ; et la so-
litude dans laquelle ils se trouvèrent
bientôt, les avertit que leur règne
était irrévocablement passé. A midi,
le directeur Barras envoya sa dé-
mission à Bonaparte, qui lui accorda une escorte pour se rendre à sa
terre de Gros-Bois. Les deux autres
directeurs quittèrent successivement le Luxembourg, et le lendemain il n'y avait plus dans ce palais
de trace de l'autorité qui, la veille
encore y exerçait si impérieusement son despotisme. Cependant
le conseil des cinq cents ouvrit sa

séance à midi. On y fit lecture du message du conseil des anciens qui transferait le corps législatif à Saint-Cloud ; et le président, malgré les réclamations de plusieurs membres, et l'agitation de l'assemblée, leva la séance. Le soir, deux proclamations furent affichées sur les murs de Paris ; l'une adressée aux gardes nationales sédentaires, et l'autre aux troupes de ligne. « La Répu-
» blique est mal gouvernée depuis
» deux ans, disait Bonaparte dans
» celle adressée aux troupes de
» ligne ; vous avez espéré que mon
» retour mettrait un terme à tant
» de maux ; vous l'avez célébré
» avec une union qui m'impose des
» obligations que je remplis. Vous
» remplirez les vôtres ; vous secon-
» derez votre général, avec la fer-

» meté et la confiance que j'ai tou-
» jours vues en vous. La liberté , la
» victoire et la paix replaceront la
» République française au rang
» qu'elle occupait en Europe , et
» que l'ineptie et la trahison ont
» pu seules lui faire perdre. »

Le lendemain, le conseil des cinq-
cents s'assembla à Saint-Cloud. On
procédait à un appel nominal pour
que chaque membre prêtât indivi-
duellement le serment de défendre
la constitution , lorsque Bonaparte
entra dans la salle , sans armes ,
nue-tête , et seulement escorté de
quelques grénadiers désarmés , qui
restèrent à la porte. A son aspect ,
un mouvement général se manifesta
dans le conseil : un général ici !
s'écriait-on. — Que veut ici Bonaparte ? Ce n'est point ici votre place.

——Hors la loi ! —— Point de dicta-
teur. —— Des cris on en vint aux me-
naces ; en un moment Bonaparte
fut investi, repoussé, outragé, me-
nacé. Le général Lefebvre, à la tête
de quelques soldats, courut à son
secours, et le dégagea. Quelques
instans après, les portes de la salle
s'ouvrirent, vingt grenadiers en-
trèrent, se portèrent au bureau ;
et plaçant au milieu d'eux Lucien
Bonaparte, qui présidait l'assemblée, et qui venait de déposer sur
le bureau son écharpe de président,
l'aidèrent à sortir de la salle où ses
jours commençaient à être dans un
danger imminent. A l'étonnement
que produisit ce mouvement, suc-
cédèrent les cris et les vociférations ;
le tumulte était au comble, lorsqu'on vit entrer dans l'assemblée

au pas de charge un officier suivi
d'une troupe nombreuse. Quand
l'officier fut arrivé au milieu de la
salle, il s'écria d'une voix forte :
—Le général Bonaparte m'ordonne
de faire évacuer la salle.— A l'instant les grenadiers s'avancèrent, et
en cinq minutes l'assemblée fut to-
talement dissoute.

Avant que cette opération s'exé-
cutât, Bonaparte s'était rendu au
conseil des Anciens qui tenait aussi
sa séance à Saint-Cloud. Voici les
principaux traits du discours qu'il
y prononça : « Représentans du
» peuple, vous n'êtes point dans
» des circonstances ordinaires ;
» vous êtes sur un volcan : permet-
» tez-moi de vous parler avec la
» franchise d'un soldat, et suspendez
» je vous prie, votre jugement jus-
» qu'à ce que vous m'ayez entendu

» jusqu'à la fin. J'étais tranquille à
» Paris, lorsque je reçus le décret
» du conseil des Anciens qui me
» parla de ses dangers, de ceux de
» la République ; à l'instant j'appe-
» lai, je retrouvai nos frères d'ar-
» mes, et nous vinmes vous donner
» nòtre appui. Nos intentions fu-
» rent pures, désintéressées, et
» pour prix du dévouement que
» nous avons montré, hier déjà
» on nous abreuva de calomnies ;
» on parlait d'un nouveau César,
» d'un nouveau Cromwel ; on ré-
» pandait que je voulais établir un
» gouvernement militaire.. .. .. ..
» Si j'avais voulu opprimer la li-
» berté de mon pays, je ne me se-
» rais point rendu aux ordres que
» vous m'avez donnés ; je n'aurais
» pas eu besoin de recevoir cette

» autorité du sénat.......La patrie
» n'a pas de plus zélé défenseur
» que moi ; je me dévoue tout en-
» tier pour faire exécuter vos or-
» dres. Mais c'est sur vous seuls que
» repose son salut ; car il n'y a plus
» de Directoire : les dangers sont
» pressans, le mal augmente.....
» Le conseil des Anciens est investi
» d'un grand pouvoir , mais il est
» encore animé d'une plus grande
» sagesse ; ne consultez qu'elle ,
» prévenez les déchiremens ; évi-
» tons de perdre ces deux choses ,
» pour lesquelles nous avons fait
» tant de sacrifices, la liberté et
» l'égalité ».....

Et la constitution de l'an 3 ! s'écria
un député en interrompant Bonaparte.

« La constitution ! reprit ce der-

» nier, vous convient-il de l'invo-
» quer ? Qu'est-elle autre chose à
» présent qu'une ruine ? N'a-t-elle
» pas été successivement le jouet
» de tous les partis ? Ne l'avez-vous
» pas foulée aux pieds le dix-huit
» fructidor, au vingt deux floréal,
» au vingt-huit prairial ? La consti-
» tution ! n'est-ce pas en son nom
» qu'on a organisé toutes les tyran-
» nies depuis qu'elle existe ? A qui
» désormais peut-elle offrir une
» garantie réelle ? Son insuffisance
» n'est-elle pas attestée par les nom-
» breux outrages que lui ont pro-
» digués ceux mêmes qui lui jurent
» en ce moment une fidélité déri-
» soire ? Tous les droits du peuple
» ont été indignement violés ; et
» c'est à les rétablir sur une base
» immuable qu'il faut de suite tra-

» vailler pour consolider enfin dans
» la France la liberté et la républi-
» que. Je vous déclare qu'aussitôt
» que les dangers seront passés,
» j'abdiquerai le commandement
» qui m'est confié. Je ne veux être
» à l'égard de la magistrature nom-
» mée par vous que le bras qui la
» soutiendra. . . . . . La liberté m'est
» plus chère que la vie et je ne veux
» servir que le peuple français ».

Bonaparte se tournant alors vers les militaires qui se trouvaient à leur poste dans l'intérieur de la salle, es somma de tourner contre lui leurs bayonnettes, s'il s'écartait jamais du chemin de la liberté. Il termina en engageant les Anciens à déployer tous les moyens qui étaient en leur pouvoir pour sauver la patrie. Ce fut en sortant de cette séance qu'il envoya le détachement dont nous avons parlé pour signifier aux Cinq-Cents de se dissoudre.

En levant sa séance le conseil des Anciens se forma en comité général et créa une commission consulaire provisoire composée des ex-directeurs Sieyes, Roger-Ducos et du général Bonaparte, et une commission législative composée de vingt-cinq membres qui devait remplacer le corps législatif jusqu'à sa prochaine session.

Telle fut la révolution du dix-huit brumaire, de cette grande époque, qui dans un espace de vingt-quatre heures, sans commotion, sans mouvement, changea la face de la République, et donna à tous les esprits et à toutes les affaires une impulsion aussi heureuse que rapide. Depuis deux ans que cette mémorable époque existe dans l'histoire, que d'espérances se sont réalisées ! que de sources de bonheur et de prospérité publiques ont été r'ouvertes ! que de germes de discorde et de vengeance ont été étouffés ! la grande famille des Français se retrouve enfin réunie et rapprochée ; le titre de bon citoyen est la garantie de tous ; une nuance dans les opinions n'est plus un motif de proscription et d'animosité ; la paix extérieure dont les premiers rayons luisent sur la France, place tous les cœurs dans la plus heureuse attente, elle agrandit déjà les spéculations du commerce ; elle porte la joie dans les familles en y ramenant les nombreux enfans de la victoire.

Heureux dix-huit brumaire ! quel français ne te salue pas maintenant dans l'alégresse de son cœur ! quelle ame sensible ne t'adresse pas les hommages de sa reconnaissance ! puisse-tu luire toujours sur la République heureuse et triomphante, et y ramener avec charmes les souvenirs que tu fais naître !

GOUVERNEMENT CONSULAIRE.

BONAPARTE

Premier Consul de la République,

Sa campagne en Italie en l'an 8. —
Bataille de Marengo.

LA rapidité des événemens qui avaient signalé le dix-huit brumaire, et l'activité avec laquelle s'exécutèrent les dispositions qui en furent la suite, seront un monument éternel de ce que peut pour le bonheur et le repos d'un peuple, une volonté ferme unie à la sagesse et à la régularité des conceptions. Dans un espace de quelques jours , la France entière fut réorganisée d'après les bases d'une nouvelle constitution , et tout éprouva la force de l'impulsion que donnait aux ressorts politiques , celui qui , devenu le premier magistrat de la République avait porté dans ce poste , le génie et les talens avec lesquels il avait tant de fois maîtrisé la victoire.

La première démarche publique que fit Bonaparte en sa qualité de premier consul , fut d'écrire au roi d'Angleterre ; sa lettre tendait à renouer des négociations de paix. Si elle n'eut point le succès qu'il avait droit d'en attendre , du moins prouva-t-elle à l'Europe , les dispositions avec lesquelles le premier consul de la République française allait tenir

les rênes qui lui avaient été confiées.
Ces dispositions consolantes éclatè-
rent surtout dans les moyens qu'il
prit pour pacifier la Vendée : la
modération et les motifs de persua-
sion furent les seules armes qu'il
employa , et il eut la gloire immortelle de fermer un abîme où de
milliers de Français étaient tombés
égorgés les uns par les autres, et
qui était encore ouvert pour les
dévorer jusqu'à la dernière généra-
tion. Un autre abîme , celui de la
proscription, était sans cesse ouvert
dans l'existence atrocement perma-
nente de la liste des émigrés ; il fut
encore fermé , et nul citoyen n'eut
plus à redouter d'être mystérieuse-
ment inscrit sur cette liste qui le
dévouait à la misère et à la mort.

La vigilance du premier consul

s'étendait à tout. Tandis qu'il établissait l'ordre dans l'intérieur ; il méditait les moyens de forcer à la paix les puissances coalisées. Un coup décisif pouvait seul les y déterminer ; toutes les mesures furent prises pour le porter. A sa voix cinquante mille combattans se rendent à Dijon, et sont prêts à marcher avec lui dans la nouvelle carrière de ses triomphes. Le vingt-trois prairial de l'an huit, Bonaparte passa à Genève la revue de l'armée qu'il se proposait de conduire en Italie, et le lendemain fut fixé pour le jour du départ.

Laissons ici à d'autres le soin de décrire les circonstances qui accompagnèrent la marche de cette armée à travers la montagne du grand Saint-Bernard, ses efforts héroïques et sa constance inépuisable ; les monumens de l'antiquité n'offrent peut-être rien de plus extraordinaire, et Bonaparte marchant lui-même le premier au milieu des abîmes et des précipices de ce mont innaccessible, encourageant par son exemple ses troupes effrayées, et se laissant glisser d'une hauteur de deux cents pieds pour accélérer par le chemin le plus court sa marche impatiente et belliqueuse, ressemble à ces héros dont le courage quoique fabuleux, étonne l'imagination et agrandit les bornes de la puissance de l'homme. Une armée éprouvée par de pareilles fatigues et conduite par un tel chef devait compter pour rien les obstacles attachés au gain d'une bataille. Lorsqu'Annibal s'avançait pour conquérir l'Italie, jamais son armée ne fut plus redoutable que lorsqu'elle fondait du sommet des Alpes sur un ennemi amolli par le repos, et inéprouvé par la fatigue. Telle fut celle de Bonaparte : chaque pas qu'elle fait en abandonnant le théâtre où elle avait vaincu tous les obstacles de la nature est marqué par une nouvelle victoire; déjà le Piémont envahi par les troupes de l'empereur ne reconnaît plus la loi de son vainqueur; les armes de la République y triomphent de toutes parts; tout ce qui résiste y est exterminé ou pris. D'après le vaste plan qui avait été conçu et arrêté par le premier consul, toutes les divisions qui composaient l'armée de réserve devaient déboucher en même temps dans la plaine; un

corps de vingt mille hommes conduit par le général Moncey, et dé-
taché de l'armée du Rhin, devait
défiler par le mont Saint - Gothard
et venir appuyer les opérations de
la principale armée ; toutes ces com-
binaisons s'effectuèrent dans le plus
grand secret, et Bonaparte, après
avoir battu et culbuté tous les corps
qui s'opposaient à son passage, était
déjà à Milan, lorsqu'à peine le général de l'armée autrichienne croyait
à l'existence des Français en Italie.

Il fallut cependant bien qu'il y
crût ; le passage du Pô par le général Lannes, la prise de Plaisance,
de Brescia, de Stradella, de Lecco
et de Crémone par d'autres divisions
de l'armée, l'occupation de Milan
par le général Bonaparte, le lui
apprirent bientôt mieux sans doute

qu'il n'aurait desiré le savoir ; allarmé des progrès de l'armée française , le général Mélas se décida enfin à quitter Turin , et à concentrer ses forces pour les opposer aux français qui s'avançaient pour l'attaquer. *Montebello* fut. le premier endroit où les deux armées se rencontrèrent ; le choc fut terrible et long-temps douteux : à la fin, le courage impétueux l'emporta , les autrichiens ployèrent. Six mille prisonniers , des pièces de canon , plusieurs généraux et quantité d'officiers de marque tués ou blessés , la terre jonchée de morts et de mourans attestèrent les efforts de l'armée française , et apprirent au général Mélas quels étaient les soldats qu'il avait à combattre.

La bataille de *Montebello* ne fut

que le prélude des grands coups qui
devaient être portés à l'armée autrichienne ; celle des Français s'était
renforcée de la valeur et de la présence d'un guerrier , dont le nom
vivra à jamais dans les fastes militaires de la France. Desaix était arrivé au quartier-général de l'armée ,
peu d'heures après l'action. Il fut
accueilli avec transport par le premier consul et toute l'armée. Bonaparte lui donna à l'instant le commandement de deux divisions , et
le fit un de ses lieutenans-généraux.
Mélas s'était renforcé aussi de toute
l'armée que la prise de Gênes avait
laissée à sa disposition., et s'était
retiré à Alexandrie, où il concen-
trait toutes ses forces.

Bonaparte , instruit de la position
de l'ennemi, s'avança, le 24 prairial,

pour lui livrer bataille. Son avant-garde fit halte à San-Juliano, petit hameau à une lieue de Tortone, et situé à l'entrée de la plaine de Marengo. Aussitôt que l'armée y fut arrivée, elle se déploya en ordre de bataille dans la plaine ; mais le général Mélas ne jugea pas à propos d'accepter ce jour-là le combat. Le lendemain, à la pointe du jour, quelques coups de canon tirés sur l'avant-garde française furent le signal du combat. L'armée se forma aussitôt sur deux lignes , ayant ses ailes soutenues d'un gros corps de cavalerie. A onze heures l'action était engagée sur tous les points , et on se battait de part et d'autre avec un égal acharnement. Douteuse jusqu'à ce moment , la victoire passa tout-à-coup sous les drapeaux autrichiens.

chiens. L'aile gauche de l'armée française commença à plier; le centre fléchit, et l'aile droite fut mise en pleine déroute. L'armée autrichienne, qui se croyait assurée du succès, avançait rapidement dans la plaine, précédée de quatre-vingts pièces de canon qui vomissaient dans nos rangs la mort et la terreur. Bonaparte, placé au centre, le soutenait par sa présence et par sa valeur inébranlable. Que de sang versé en ce lieu! que de braves gens y périrent! Le courage indomptable eut sans cesse à lutter contre le nombre croissant d'ennemis acharnés. Enfin, à quatre heures après midi, dans un rayon de deux lieues au plus, il ne restait pas six mille hommes d'infanterie présens à leurs drapeaux, mille chevaux et six pièces de canon en état de faire feu.

Tout semblait désespéré, lorsque les divisions de Monnier et Desaix vinrent rétablir le combat et rappeler la victoire. Animés par la présence du premier consul, par ses dangers, et surtout par le désir de la vengeance, ces nouveaux bataillons se précipitèrent avec fureur sur l'ennemi. La fougue française, telle qu'un torrent, entraîne tout ce qui s'oppose à son passage. Par tout l'ennemi est culbuté ; l'intrépide Desaix foule, écrase tout ce qui lui résiste. C'est après avoir sauvé l'armée et peut-être sa patrie, que ce jeune héros fut atteint d'une balle mortelle. Sa mort, loin de ralentir l'ardeur des braves qu'il commandait, ne fit que les enflammer d'une nouvelle ardeur ; tous brûlans de le venger, ils s'acharnèrent à la destruction de l'ennemi. La nuit seule sauva les débris de l'armée autrichienne. Cette journée, à jamais mémorable, coûta à l'ennemi douze drapeaux, vingt-six pièces de canon, treize mille hommes, dont trois mille tués, trois mille blessés, et sept mille faits prisonniers, et sept de ses généraux. Le lendemain fut conclue la célèbre convention qui suspendit les hostilités entre l'Empire et la République française, et assura à cette dernière la possession du Piémont et de l'Italie.

BONAPARTE

Quitte l'Italie. — Son retour à Paris. — Explosion de la machine infernale, dans la rue St. Nicaise. — Pacification générale.

Après la mémorable bataille de Marengo, Bonaparte revint à Milan : il rentra dans cette ville le 28 prairial, au milieu des acclamations d'un peuple immense qui le regardait comme le libérateur de l'Italie. Il ne resta à Milan qu'autant de temps qu'il lui en fallait pour organiser la république Cisalpine, sur des bases fixes, solides, équitables, capables en un mot non-seulement de lui assurer son indépendance, mais encore la considération des puissances de l'Europe. De Milan, il se rendit à Turin dont il visita la citadelle ; il traversa le Mont-Cénis, passa à Chambéry, et arriva à Lyon le 9 messidor à cinq heures du soir. Il ne put se refuser à l'empressement des citoyens que l'unanimité de l'admiration et de la reconnaissance rassembla bientôt auprès de lui ; il consentit à suspendre sa marche rapide, et à séjourner à Lyon jusqu'au lendemain à midi, pour poser la première pierre des fameuses façades de la place de Belle-Cour, qu'on avait démolies après le siége de cette ville. Pendant la nuit on improvisa une médaille en bronze ; elle représentait d'un côté l'effigie de Bonaparte avec cette légende : *A Bonaparte réédificateur de Lyon, Verninac préfet, au nom des Lyonnais reconnaissans* : et de l'autre une guirlande de chêne, au milieu de laquelle était écrit : *Vainqueur à Marengo, deux fois conquérant de l'Italie, il posait cette pierre le 10 messidor an 8 de la République, premier de son consulat.* Bonaparte posa cette médaille à neuf heures du matin, au milieu d'un superbe cortége et de cinquante mille Lyonnais qui ne pouvaient se lasser de lui exprimer leur vive reconnaissance. A midi précis il quitta cette ville, et arriva à Paris le 13 messidor à deux heures et demie du matin. Après avoir donné deux jours à la réception des autorités constituées et des fonctionnaires publics qui s'empressèrent de lui porter l'expression de la reconnaissance publique, il reprit les affaires du gouvernement.

Tout parut marcher d'abord d'après les dispositions pacifiques qui l'animaient. Le général Moreau, après des succès éclatans au-delà du Rhin venait de conclure enfin un armistice avec les troupes de l'Empire, et le 9 thermidor, le comte de Saint-Julien qui avait été envoyé à Paris auprès du premier consul,

signa les préliminaires de la paix ,
qui furent ratifiés vingt - quatre
heures après par les consuls. La
paix paraissait donc assurée, et tout
le monde s'en flattait, lorsqu'on
apprit que l'Empereur avait refusé
de ratifier les preliminaires signés
à Paris. Bonaparte indigné fit rom-
pre aussitôt l'armistice , et ordonna
au général Moreau de recommen-
cer les hostilités si l'Empereur n'a-
vait pas ratifié les préliminaires dans
vingt-quatre heures ; que si , au surplus il avait besoin d'explications
ultérieures, on les lui donnerait ,
pourvu qu'il remit sur-le-champ à
l'armée française les trois places
d'Ulm , d'Ingolstadt et de Philis-
bourg. Une détermination aussi
tranchante , jointe aux progrès du
général Moreau qui menaçait la

capitale de l'Autriche, fit plus d'effet sur l'esprit de l'Empereur que toutes les intrigues de la faction ennemie de la paix. Les trois places furent remises, et les négociations se r'ouvrirent à Lunéville.

Tandis que Bonaparte se livrait aux méditations pacifiques dont la France devait retirer tant de gloire et tant de bienfaits, le crime aiguisait ses poignards contre lui, et préparait sa mort. Cependant, quelque ténébreux que fussent ses projets, ils n'avaient pu échapper à la surveillance de la police, qui prit toutes les mesures pour faire arrêter dans le lieu même où ils devaient exécuter leur infâme complot, les scélérats qui l'avaient médité. L'Opéra avait été choisi pour le théâtre de leur forfait. Bonaparte en avait été instruit. Le jour fixé pour la consommation du crime, le ministre de la police alla prendre ses ordres. — Ce ne sont pas mes affaires, répondit le premier consul ; ce sont les vôtres. — Vous irez à l'Opéra ? — Sans doute.

Quelques jours après, on apprit par un rapport du ministre de la police aux consuls que les individus arrêtés étaient les nommés Cerracchi, Demerville et Aréna, et qu'ils étaient renvoyés devant le tribunal criminel du département de la Seine. Tout le monde connaît le procès de ces trois individus, qui ont péri sur l'échafaud.

Mais si l'indignation de la France entière avait été profonde au récit de ce premier complot, elle éclata avec bien plus de force encore lorsqu'on apprit l'attentat du 3 nivôse, qui passe en horreurs tout ce que l'imagination la plus atroce a jamais pu concevoir de plus affreux et de plus exécrable. Des scélérats avaient placé dans la rue Saint-Nicaise une petite voiture chargée d'un baril rempli de poudre, de mitraille et de gargousses, et devaient y mettre le feu au moment où Bonaparte traverserait cette rue pour aller à l'Opéra. Bonaparte y passa effectivement ; mais l'explosion n'eut lieu que lorsque sa voiture fut à quelque distance du théâtre du crime. Les désastres qu'occasionna cette explosion furent affreux. Ou crut saisir d'abord les vrais coupables en arrêtant quelques agens de la faction sanguinaire qui avait ravagé la France ; mais quelque temps après, de nouvelles indications désignèrent les véritables auteurs du crime, qui subirent sur l'échafaud la peine due à leur forfait.

Les événemens qui ont suivi cette époque, n'ont servi qu'à faire sentir plus vivement encore aux Français quelle aurait été l'étendue de leur perte, si les scélérats qui avaient conspiré la mort de Bonaparte, eussent consommé leur crime. Au lieu de la paix, dont ils jouissent, dans quel abîme de maux, dans quels déchiremens et peut-être dans quels torrens de sang n'auraient-ils pas vu s'ensevelir leurs espérances et leur bonheur?

Français! portez maintenant vos regards sur votre patrie et sur les peuples qui vous entourent, et voyez quelle est l'heureuse influence du gouvernement qui s'est chargé de réparer nos désastres. Quelle puissance a pu imposer silence à tant de passions déchaînées, à tant de haines, à tant de vengeances, qui fermentaient au-dedans et au-dehors de la République ? la modération de son chef, l'accord de sa justice avec les principes de l'humanité, et sa valeur redoutable aux ennemis les plus belliqueux et les plus acharnés. Qui oserait dire que nous jouirions de tous ces bienfaits, si le crime avait triomphé ou triomphait encore ? De quelque part que vienne la discorde, vouons-là à l'exécration et au supplice. C'est le moyen de célébrer dignement les fêtes de la paix, et de rendre hommage au pacificateur de l'Europe.